17の目標

産業と技術革新の基盤をつくろう
世界中にしっかりとしたインフラを作り、産業発展につなげよう。

人や国の不平等をなくそう
国どうし、国民の間の貧富の差や不平等をなくそう。

住み続けられるまちづくりを
すべての人が、安全でくらしやすい家や町に住めるようにしよう。

つくる責任つかう責任
ものを作る人も使う人も、未来のことを考えて、しげんをむだにしないくふうをしよう。

気候変動に具体的な対策を
地球の気温が上がるのをふせぎ、その悪えいきょうをなくしていこう。

海の豊かさを守ろう
海の生態系を守り、海のしげんをたもとう。

陸の豊かさも守ろう
陸の動植物を守り、豊かな自然の力を取りもどそう。

平和と公正をすべての人に
すべての暴力をなくし、法律の下で争いごとをみんなで解決できる世の中にしよう。

パートナーシップで目標を達成しよう
世界中の人たち、まわりの人とで力を合わせ、目標を達成しよう。

アクアポニックスが地球（ちきゅう）をすくう！
フードテックとSDGs（エスディージーズ）

エビとトマトで持続可能（じぞくかのう）な食料供給（しょくりょうきょうきゅう）

監修
石川伸一
（宮城大学 食産業学群 教授）

フレーベル館

はじめに

フードテックとは、
「食品（Food）」と「ぎじゅつ（Technology）」を
組み合わせたことば。

食に関する最新のぎじゅつのことで、
最近ますます注目を集めています。

というのも、フードテックは
SDGs（持続可能な開発目標）*でかかげられている、
かんきょうおせんや資源の再利用、飢餓や貧困の問題など、
地球がかかえるさまざまな課題を解決できる可能性があるからです。

*目標2「飢餓をゼロに」、11「住み続けられるまちづくりを」、
12「つくる責任 つかう責任」、14「海の豊かさを守ろう」、15「陸の豊かさも守ろう」など

このシリーズでは、フードテックを使ってさまざまな課題を解決し、
地球をすくおうとがんばっている人の仕事をしょうかいしています。

かれらのチャレンジに注目しながら、
「自分には何ができるだろう？」と考えてみてください。

きっとあなたにも、地球をすくう力があるはずです。

石川伸一
（宮城大学 食産業学群 教授）

もくじ

1章
アクアポニックスってすごい！ ……… 4

2章
アクアポニックスでどんなことができるの？ ……… 10
①かんきょうをよごさない ……… 10
②少ない水でエビを育てる！ ……… 12
③肥料なしでトマトを育てる！ ……… 14
④観光や学習ができる！ ……… 16
⑤地いきの自然を守れる！ ……… 18
緑の光で魚がすくすく育つ！ ……… 20

3章
持続可能な食料供給のために ……… 22
持続可能な食料供給とは ……… 22
このままでは持続できない ……… 24
できることをやってみよう！ ……… 26
未来の社会を想像しよう！ ……… 28

おまけ
アクアポニックスが地球をすくう！ ……… 30

1章 アクアポニックスってすごい！

数年前から、アクアポニックスという新しいスタイルの観光農園にちょうせん中の本郷さん。じつは、以前は農業とはかかわりがない仕事についていました。しかし、あることがきっかけで、食べ物作りで地球の未来に役立ちたいと思うようになったそうです。そのちょうせんを追ってみましょう。

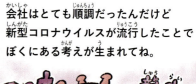

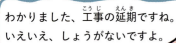

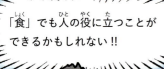

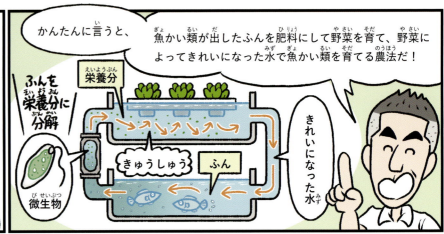

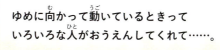

2章 アクアポニックスでどんなことができるの？

①かんきょうをよごさない

エビとトマトを育てるプラントをパイプでつなぎ、栽培に使う水を循環させます。水は外にはすてないので、かんきょうを守ります。

— ハウス

エビを育てるプラント（→ 12 ページ）

オニテナガエビを水そうで養しょくする。淡水でくらすエビで、体長 30 センチメートルにもなる。

フィルター

エビのふんや食べのこしたえさをふくんだ水を、トマトが育つ水に変える（→ 13 ページ）。

「中はどうなっているのかな？」

アクアポニックスは、本郷さんの農園にあるハウスの中で行っている。

「水がぐるぐる回るんだね！」

「アクアポニックスは、魚かい類を育てた水で、野菜を栽培するぎじゅつ。ぼくの農園では、エビの養しょくに使った水でトマトを育てているよ。」

かんきょうにやさしく、水を大切にするアクアポニックスで、本郷さんはエビとトマトを育てることにしました。BIWAKO AQUA PONICSで、どのような農業を行っているのか、アクアポニックスには、どのようなよいことがあるのか、くわしく見ていきましょう。

使う水のウラガワに注目！
地下水はとても冷たいので、くみ上げた水は、ハウスの屋根の下のパイプを通るように設計されている。屋根に当たる太陽の光で、水をちょうどよく温めることができる。

トマトを育てるプラント
水の通るパイプに、なえを植えて栽培する（→14ページ）。

トマトが養分をすってきれいになった水がエビの水そうにもどる（→13ページ）。

地下水ポンプ
水が蒸発したり、トマトがきゅうしゅうしたりして足りなくなった場合は、地下水をポンプでくみ上げて使う。

アクアポニックスのよいところは、よごれた水を外に出さないこと。魚やエビを水そうで育てていると、ふんやえさの食べのこしで水がよごれます。よごれた水をそのまますててしまうと、かんきょうに大きな負担がかかりますが、アクアポニックスでは水のよごれを栄養に変えて植物を育てるのに使います。

水をすてる必要がないため、かんきょうをよごさずに魚や野菜を育てられるのです。

②少ない水でエビを育てる！

エビを育てることが、アクアポニックスのスタート地点。
決まった量の水をパイプに通してプラントを行き来させるよ。
とちゅうで、特別なフィルターを通すんだ。

夜行性だから、昼間はのんびりしているね！

エビを育てる

BIWAKO AQUA PONICS では、多いときでオニテナガエビを約1200ぴき育てている。大きなエビが小さなエビをおそうことがあるので、エビの大きさや数によって水そうを分けて、大切に育てる。

水そうの中はこんな感じ！

大きくなった！

たまごからかえって2か月ほどのオニテナガエビ。もう少し大きく成長したら、加工して料理に利用する。

エビのくわしい育て方はひみつなんだって！

今はまだ実現していないけれど、農園で作ったトマトの加工品を定番商品にしたり、エビをレストランにおろしたりする商売をしたいんだ！

ハウスのウラガワに注目！

アクアポニックスでは、農薬を使わない。そのため作物が病気に弱くなるので、病気のげんいんになる菌や害虫が中に入らないように、ハウスに入るときはくつカバーをつける。

くつをはいた足を入れると、自動でカバーがつく。

フィルターで水に栄養をあたえる

①ごみを取りのぞく
じゃりや細かいすなで、ごみを取りのぞく。

②微生物がえさやふんを分解する
フィルターにすんでいる小さな生物（微生物）が、エビのふんやえさの食べのこしを分解して、植物に役立つ「ちっ素」などの栄養分に変える。

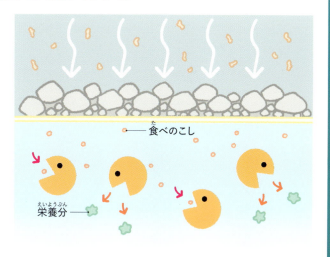

トマトを育てるプラントへ

　エビのふんやえさののこりでよごれた水を、きれいな水と入れかえるには、たくさんの水が必要です。でも、アクアポニックスでは、よごれた水をフィルターに通して、ごみを取りのぞき、よごれを栄養に変えた水をトマトの栽培に使い、ふたたびエビの水そうにもどしています。
　同じ水をぐるぐる循環させて使うため、水を節約できるのです。

トマトを育てるプラントから

③肥料なしでトマトを育てる！

エビを育てるプラントから送られた栄養たっぷりの水が、パイプに植えられたトマトを大きく育てるよ。

トマトのなえは、根元をわたでくるんでパイプのあなに植えこむ。上にのびたくきは、パイプの上のほうでたらし、実を育てていく。

トマトをパイプで育てる

このパイプにフィルターを通った水が流れていて、トマトのパイプに少しずつ流れ落ちるようになっている。

エビを育てるプラントから →

エビを育てるプラントへ ←

トマトのカーテンみたい！

パイプの中をのぞいてみると、ぽたぽたと水が流れているようすや、とても長い根が生えているのがわかる。

トマトを植えるたて長のパイプは全部で505本。1本に2〜3本のトマトのなえを植えるよ。

パイプのウラガワに注目！

トマトのプラントの中はパイプもゆかも白で統一している。白は光を反射するので、パイプの中を通る水が熱くなりすぎないし、ゆかの反射でトマトがきれいに色づく。

ハウスの中にはくふうがいっぱい！

BIWAKO AQUA PONICS では、たくさんのトマトを栽培するなど、一年中、しゅうかくできるようにくふうしている。

なえを植える時期をずらす

ぜんぶのなえを同時に植えると、実のなる時期も重なってしまう。そのために、わざと植える時期を少しずつずらして、一年中しゅうかくできるようにくふうしている。

トマト以外も育てる

トマトといっしょにバジルやシソも育て、カフェで利用している（→17ページ）。

トマトは17種類

アクアポニックスに向く種類のトマトを見つけ、今では、色や形がちがう約17種類のトマトを栽培している。

トマトを土で栽培すると、多くの場合、化学肥料や農薬を使います。一方、アクアポニックスでは、水に栄養分がふくまれているので化学肥料を使わずにすみ、さらに屋内栽培によって害虫が入りづらいため、無農薬でかんきょうにやさしい野菜をしゅうかくできます。また、トマトを育てたあとの水は余分な栄養がふくまれていないので、そのままエビの水そうにもどして、循環させます。

④観光や学習ができる！

BIWAKO AQUA PONICSには、トマトのつみ取り体験や農業学習、調理体験などの見学コースがあり、人が集まり、楽しむことができる場所になっているよ。

トマトのつみ取り

見学に来たお客さんは、ハウスで食べごろのトマトをつみ取れる。色や形を楽しみながら、カップいっぱいにつめこむ。

農業や地球かんきょうについて学ぶ

地いきの学校の子どもたちにアクアポニックスの授業を行う。

トマトを使った調理ができる

とれたばかりのトマトや農園で加工したソースなどを使って、オリジナルのピザを作ることができる。専用のピザがまで焼くのも楽しい！

エビのビオトープも見学できる

見学コースには、トマトを育てるプラントから出る水が流れこむ、オニテナガエビのビオトープがあり、水の循環をたしかめることができる。

カフェで料理や買い物を楽しむ

農園にあるカフェは、ゆったりとしたつくりで休けいにぴったり。トマトやエビを利用した料理を楽しめるほか、加工品も売っていて、おみやげとして大人気だ。

広いテーブルや大きめのベンチなど、くつろげるくふうがたくさんある店内。

小さな水そうと植木ばちで、アクアポニックスの仕組みが一目でわかるコーナーがある。

トマトをたっぷり使ったトマトカレーは人気メニューのひとつ。

農園でとれたトマトやバジルのソース。農園のオリジナル商品だ。

加工品のウラガワに注目！

BIWAKO AQUA PONICSでは、エビをスープやソースに加工したあとに出るカラを、焼いて細かくくだいてエビのえさに再利用することで、ごみをへらしている。

　BIWAKO AQUA PONICSは、トマトのつみ取りやアクアポニックスを学べる授業などを行い、体験農園として地いきの観光をになっています。

　また、オニテナガエビやトマトを育ててしゅうかくし、農園でソースやスープなどに加工しています。農園に来てもらうだけでなく、商品を買ってもらうことで、より多くの人にアクアポニックスやかんきょう問題への興味を高めようとしています。

⑤地いきの自然を守れる！

アクアポニックスによる魚かい類の養しょくや野菜の栽培法は、農園のある地いきのかんきょうも守ります。

①かんきょうを守る

BIWAKO AQUA PONICS のある地区は、大昔から地下水が豊富なところで、地いきに住む人も地下水を生活に使っている。よごれた水を出さないアクアポニックスだからこそ、大切な水や、地いきのかんきょうを守ることができる。

地いきの人たちもよく来るんだって！

農園でも、地下水をくみ上げて利用している。地いきのかんきょうを守ることは、きれいな水でエビやトマトを育てることにつながっている。

アクアポニックスの ウラガワに注目！

SDGsが注目されるようになって、日本でもアクアポニックスに取り組む農家がふえてきた。将来、「アクアポニックスで作った、かんきょうにやさしい生産物」とわかる野菜や魚がスーパーで買えるようになるかもしれない。

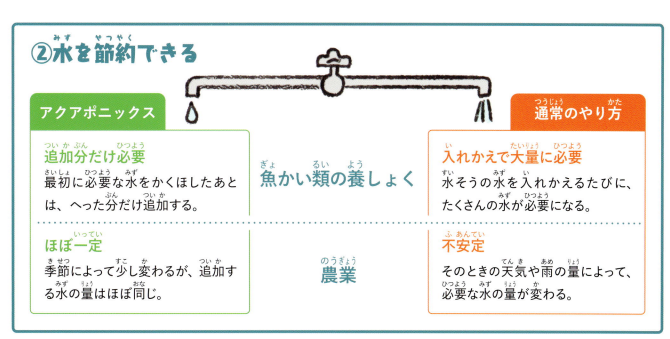

②水を節約できる

アクアポニックス

追加分だけ必要
最初に必要な水をかくほしたあとは、へった分だけ追加する。

ほぼ一定
季節によって少し変わるが、追加する水の量はほぼ同じ。

魚かい類の養しょく

農業

通常のやり方

入れかえで大量に必要
水そうの水を入れかえるたびに、たくさんの水が必要になる。

不安定
そのときの天気や雨の量によって、必要な水の量が変わる。

③やまい場所でもできる

アクアポニックスでは広い畑は必要ないので、2階建てにするなどのくふうで、自然をこわさず、せまい場所でもたくさんの野菜を育てられる。

おうちの中でできるかんたんなセットもあるよ。やってみたいね！

2階で野菜を育てる

1階で魚かい類を育てる

フィルター

　日本は水や土地にめぐまれているので、最近までアクアポニックスへの関心はあまり高くありませんでした。しかし、世界では、小さな島や水が少ない地いきでも安定して野菜を栽培できる方法として注目され、研究が進んでいます。

　これからは、かんきょうにやさしい農業として、地球のさまざまな地いきでアクアポニックスの活用が期待されています。

フードテックで新しい養しょくぎじゅつが生まれた！

緑の光で魚がすくすく育つ！

水そうで魚を育てる養しょくの世界で、魚を早く、大きく、おいしく育てるために、いろいろなくふうが生まれているよ。ここでは、光をくふうして、ヒラメを大きく育てる養しょくぎじゅつを見てみよう！

ヒラメの養しょく中！

緑の光を当てて育てると……

緑色の光で育てたヒラメ ／ ふつうの光で育てたヒラメ

成長スピードが速くなった！

なんで緑色なの!?

緑色のLEDライトを当てて育てたヒラメのほうが、ふつうの光で育てたヒラメとくらべて、よく泳いでよく食べるようになる。約1年間で体重は1.6倍になり、出荷用サイズになるまでの期間は約3か月も短くなった。

写真提供：大分県農林水産研究指導センター水産研究部

じつは、緑色の光を当てたヒラメがよく育つ理由はよくわかっていない。自然の中で生きているヒラメはおもに、緑色の光がとどく海底にすんでいる。養しょくのヒラメも緑色の光を当てると、自然と同じかんきょうに近くなり、のびのび過ごせるのかもしれない。

まだわかっていないなんて、おもしろい！

海の底が緑色に見えるわけ

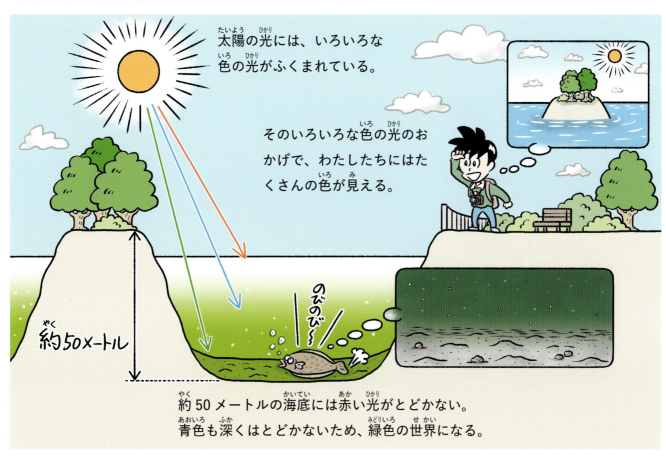

太陽の光には、いろいろな色の光がふくまれている。

そのいろいろな色の光のおかげで、わたしたちにはたくさんの色が見える。

約50メートル

約50メートルの海底には赤い光がとどかない。
青色も深くはとどかないため、緑色の世界になる。

光と魚の泳ぎの不思議なかかわり合い

養しょくのヒラメやカレイは、ふつうは動き回らず水そうの底で静かにしています。ところが、緑の光を当てるとスイッチが入ったように活発に泳ぎだします。その理由はまだ世界のだれも知らないのです。みなさんも、光と魚の泳ぎの不思議なかかわり合いのなぞときに、チャレンジしてみませんか。

高橋 明義先生
北里大学名誉教授。魚の研究一筋で、魚の光養しょくの第一人者。

3章 持続可能な食料供給のために

持続可能な食料供給とは

食べ物がわたしたちの元にとどくまでには、作物を育てるための水と、育てる土地、そして育てる人の力が必要です。

今は…

農業を例に見てみよう！

水

雨がふらなくなったり気温が上がったりするために、水が足りなくなって作物が育たなくなる場所が出ている。

それぞれに問題がたくさんあるなあ。

食料が十分に用意できなくなる!?

土地

地球温暖化で土地が海にしずんだり、洪水で畑がうまったりして、土地がなくなることも。

人

気候に収入が左右される不安定な職業として、農業をやる人がへっている。

水をぐるぐる循環させて、魚かい類と野菜を育てるアクアポニックスには、農業の未来をささえるヒントがたくさん。げんざいの農業の問題をふりかえって、これからの農業に必要なことを、いっしょに考えてみましょう。

今は、水が十分にある広い土地で作物が育てられています。ところが、異常気象で水や土地が足りなくなる場所が出て、食料不足になやむ人がふえています。これからも安定して作物を育てるために、土地や水をふんだんに使うやり方を見直す必要があります。

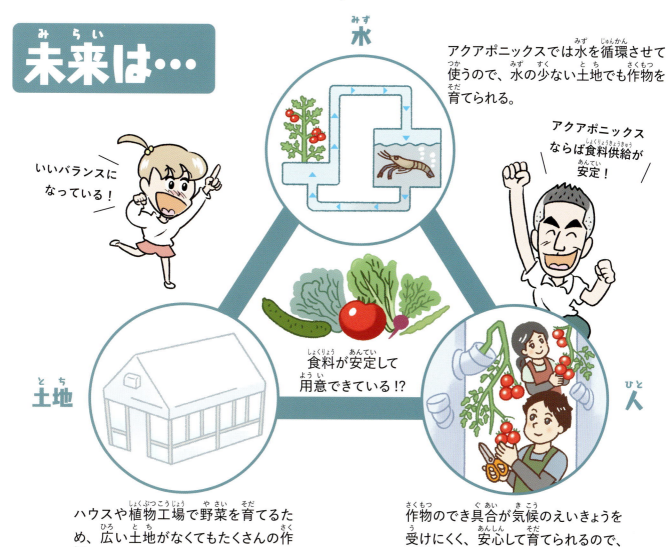

未来は…

水 アクアポニックスでは水を循環させて使うので、水の少ない土地でも作物を育てられる。

いいバランスになっている！

アクアポニックスならば食料供給が安定！

食料が安定して用意できている!?

土地 ハウスや植物工場で野菜を育てるため、広い土地がなくてもたくさんの作物がしゅうかくできる。

人 作物のでき具合が気候のえいきょうを受けにくく、安心して育てられるので、農業をやる人がふえる。

このままでは持続できない

手間をかけずにたくさんの作物を一気に作る今の方法は、野菜などを育てやすくする一方で、地球の自然や、わたしたちの健康へ負担をかけています。

今はうまくいっているけれど、このままじゃダメなのね。

農家が畑を作る

畑が広いほど作物をたくさん作れるので、どんどんたがやして畑に作り変える。

作物のために水を使う

川の水を引いたり、地下水をくみ上げたりして、作物にあたえる。

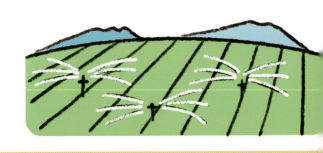

土地を使う

続かない！ 森などを切り開いて畑にするため、大切な自然が失われたり、土地が弱くなって、災害が起こりやすくなったりする。

水を使う

続かない！ 雨のふらない時期や、雨の少ない年は水不足になる。

こんな問題があるなんて、知らなかった！

24

げんざいの農業は自然への負担が大きく、わたしたちの健康にもえいきょうをおよぼすきけんがあります。作物の安全を守り、作物を作る人が安心して働くためには、農業のやり方を見直すだけでなく、わたしたち消費者が、虫食いのない野菜や安い野菜などを求めすぎないといったことを、心がけることが大切です。

病気をふせぐために農薬を使う

作物の病気や害虫をふせいでしゅうかく量を上げるために、たくさんの農薬を使う。

消費者が食べ物を買う

広い畑で農薬を使って育てると野菜や作物がたくさんとれるので、安く買える。

農薬を使う

続かない！

農薬を大量に使うと、畑のまわりの生き物や、そこでくらす人に害をおよぼすことがある。

作物を食べる

続かない！

農薬が作物にのこった場合、食べた本人やその子どもの健康にえいきょうが出ることもある。

どうすればいい？ わたしたちの行動を変えよう！

- 農薬などを使わない「無農薬」や、使う量が少ない「減農薬」、土地に害のない肥料や農薬しか使わない「有機栽培」と表示された野菜に目を向ける
- 適切なねだんの野菜をなるべく買う
- ほぞんのための農薬を使わずにすむよう、近くでとれた作物を選ぶ
- 虫食いなどがあってもいやがらない

できることをやってみよう！

持続可能な食料供給は、地球にすむ一人ひとりが目指すべきこと

世界中の人びとが、おいしくて安全な物を食べられるように、
自分たちの行動の一つひとつを見直してみよう。
SDGsの「17の目標」をカギに、未来のために一歩をふみ出してみよう！

水道のせんを
こまめにしめる

水を大切にする運動を始め、
さばく地帯の水不足がかいしょうされた！

安全な水とトイレを世界中に

ねだんが少し高めでも
有機野菜を買う

とくべつな農法の商売にせいこうする
人がふえ、農業がさかんになった！

飢餓をゼロに

なるべく公共のバスや電車、自転車で移動して、ガソリンを使わない

地球の平均気温が下がって、温暖化が止まった！

13 気候変動に具体的な対策を

気候変動に具体的な対策を

植物や生き物とふれあう

生き物を守る活動を始めてぜつめつしそうな生き物をすくった！

15 陸の豊かさも守ろう

陸の豊かさも守ろう

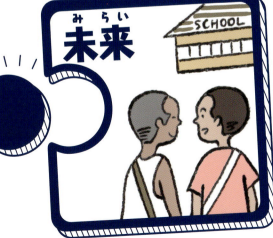

児童労働をさせていない食品を選んでいる

働く子どもがへり、学校に通う子どもがふえた！

17 パートナーシップで目標を達成しよう

パートナーシップで目標を達成しよう

未来の社会を想像しよう！

アクアポニックスは、わたしたちのくらしをどう変えるだろう？

おまけ アクアポニックスが地球をすくう！

エビとトマトを同時に育てられるなんておどろきだよね。

その栽培のようすを直接見られるのもおもしろい！

ぼくのところみたいに、お客さんが来て楽しんでもらうアクアポニックスはほかにないかもしれないね！

何よりぼくがみんなに知ってもらいたいことはね……。

自分でアイデアを出して、それを商売にするっていうのはとっても楽しいってこと!!

もちろん、人とちがう商売を始めるって勇気がいるし、お金もかかるし……たいへんなことも多いんだ。

でも、今はみんながアイデアを出して助け合う時代！そうしないと地球の未来は作っていけないと思う。

地球の未来か〜！

でもどうやったらアイデアを出せるんだか……。

もっとみんなに知ってもらえるように、もっとお客さんに来てもらうために、本郷さんは観光農園をどのように進化させるか、日々、新しいアイデアを考えているそうです。食べ物作りの未来のために、本郷さんは走り続けます。

監修 石川伸一(いしかわしんいち)

宮城大学食産業学群教授。東北大学農学部卒業。東北大学大学院農学研究科修了。北里大学助手・講師、カナダ・ゲルフ大学食品科学部客員研究員などを経て、現職。専門は、食品学、調理学、栄養学。食を「アート×サイエンス×デザイン×エンジニアリング」とクロスさせて研究している。主な著書に『クック・トゥ・ザ・フューチャー』(グラフィック社)、『「食べること」の進化史』(光文社)、『分子調理の日本食』(オライリー・ジャパン)、『料理と科学のおいしい出会い』(化学同人)など多数。

デザイン	Yoshi-des.（石井志歩、吉村 亮）
まんが・イラスト	ニシノアポロ
イラスト	さいとうあずみ、やまおかゆか
撮影	田辺エリ
編集	WILL（西野 泉、片岡弘子）、原かおり
校正	村井みちよ
写真	BIWAKO AQUA PONICS、フォトライブラリー

フードテックとSDGs
②エビとトマトで持続可能な食料供給(じぞくかのう しょくりょうきょうきゅう)

2025年1月　初版第1刷発行

発行者　吉川隆樹
発行所　株式会社フレーベル館
〒113-8611 東京都文京区本駒込6-14-9
電話　営業03-5395-6613　編集03-5395-6605
振替　00190-2-19640
印刷所　TOPPAN株式会社

NDC588
32p
27×22 cm
Printed in Japan

ISBN 978-4-577-05304-1
©フレーベル館2025
乱丁・落丁本はおとりかえいたします。
フレーベル館出版サイト　https://book.froebel-kan.co.jp

国連SDGsHP　https://www.un.org/sustainabledevelopment/
The content of this publication has not been approved by the United Nations and does not reflect the views of the United Nations or its officials or Member States.

本書のコピー、スキャン、デジタル化等無断で複製することは、著作権法で原則禁じられています。また、本書をコピー代行業者等の第三者に依頼してスキャンやデジタル化することも、たとえそれが個人や家庭内での利用であっても一切認められておりません。さらに朗読や読み聞かせ動画をインターネット等で無断配信することも著作権法で禁じられておりますのでご注意ください。

フードテックとSDGs

① カブトムシから
はじまる
循環型社会

② エビとトマトで
持続可能な
食料供給

③ 大豆パワーで
未来の食卓を
まもる

監修 石川伸一（宮城大学 食産業学群 教授）

SDGsと食は深く結びついている

かかれるSDGsの目標

海の豊かさを守ろう

魚がへる
魚を無計画にとりすぎたことが原因で、海の魚が少なくなっているといわれている。

すべての人に健康と福祉を

農薬を使う
化学肥料や農薬を必要以上に使って育てた野菜などは、人の健康をそこなう可能性がある。

安全な水とトイレを世界中に

水を大量に使う
一部の土地で大量に水を使っている一方で、水不足に苦しむ土地は地球上にたくさんある。